T0119229

Schriften der
Juristischen Studiengesellschaft
Regensburg e.V.

Herausgegeben von
Prof. Dr. Herbert Roth, Universität Regensburg

Heft 39

Prof. Dr. Martin Löhnig

Früher hatten Eltern viele Kinder – heute haben Kinder viele Eltern

Zum Wandel des Familienbildes unserer Rechtsordnung

 Nomos

C.H.BECK

Die Deutsche Nationalbibliothek verzeichnet diese Publikation in
der Deutschen Nationalbibliografie; detaillierte bibliografische
Daten sind im Internet über http://dnb.d-nb.de abrufbar.

ISBN 978-3-8487-2189-4 (Print)
ISBN 978-3-8452-6505-6 (ePDF)

Die Bände 1–31 sind beim Verlag C. H. Beck, München, erschienen.

1. Auflage 2015
© Nomos Verlagsgesellschaft, Baden-Baden 2015. Printed in Germany. Alle Rechte, auch
die des Nachdrucks von Auszügen, der fotomechanischen Wiedergabe und der Über-
setzung, vorbehalten. Gedruckt auf alterungsbeständigem Papier.

Meinem verehrten Lehrer Dieter Schwab

zum 80. Geburtstag

Inhaltsverzeichnis

„Früher hatten Eltern viele Kinder – heute haben Kinder viele Eltern" – Zum Wandel des Familienbildes unserer Rechtsordnung[1]

Martin Löhnig

I. Einleitung

1. Viele Kinder und wenig Eltern

„Früher hatten Eltern viele Kinder – heute haben Kinder viele Eltern." Dieses Motto hat die Wahrheit auf seiner Seite, wenn wir als „früher" die Wende zum 20. Jahrhundert setzen, die Zeit also, in der das Bürgerliche Gesetzbuch entstanden ist. Damals brachte eine Frau durchschnittlich zwischen vier und fünf Kinder[2] zur Welt; ganz genau wissen wir es nicht. Jedenfalls genug, um für ein sattes Bevölkerungswachstum zu sorgen im 1871 gegründeten Deutschen Kaiserreich, einem jungen Nationalstaat, der mit seinen Nachbarn um Kennzahlen wie Gebietsgröße, Wirtschaftskraft oder Bevölkerungszahl konkurrierte.

Müsste man das Ende des bürgerlichen Zeitalters, von der Geschichtswissenschaft[3] vielfach zu Recht auf die Jahre des Ersten Weltkriegs datiert, anhand statistischer Kennziffern belegen, so wäre die Geburtenrate dafür bestens geeignet: In den Jahren des Ersten Weltkriegs stürzte sie unvermittelt auf 1,5 Kinder pro Frau ab. Die Goldenen Jahre der Weimarer Zeit brachten die Quote noch einmal auf knapp drei Kinder nach oben, ein Effekt, den die Weltwirtschaftskrise 1929 sofort wieder zunichtemachte.

---

1 Der Text beruht auf einem Vortrag, den ich am 18.11.2014 vor der Juristischen Studiengesellschaft Regensburg gehalten habe; der Vortragsstil wurde beibehalten.
2 http://www.bpb.de/politik/grundfragen/deutsche-verhaeltnisse-eine-sozialkunde/13 8003/historischer-rueckblick?p=all.
3 Vgl. nur Stolleis, Der lange Abschied vom 19. Jahrhundert: die Zäsur von 1914 aus rechtshistorischer Perspektive, Berlin 1997; Bauer, Das „lange" 19. Jahrhundert (1789–1917). Profil einer Epoche, Stuttgart 2004; Osterhammel, Die Verwandlung der Welt: Eine Geschichte des 19. Jahrhunderts, München 2009.

Hitlers bemühte Bevölkerungspolitik[4] war recht wirkungslos: Die Geburtenrate stieg nie über 2,5 Kinder pro Frau und lag am Ende des Zweiten Weltkrieges bei 1,4 Kindern. Es folgten Nachkriegsboom und Pillenknick. Immerhin wird heute noch knapp das Niveau gehalten, das im Bombenhagel und auf der Flucht möglich war.[5] Was die Frage aufwirft, welche Bomben und Fluchten heute Familiengründungen oder jedenfalls Großfamiliengründungen vielfach erschweren. Aber das ist ein anderes Thema.[6]

Die vier bis fünf Kinder des ausgehenden bürgerlichen Zeitalters hatten in der Tat nicht besonders viele Eltern. Wurden sie in die prägende Schicht des Bürgertums hineingeboren, dann waren es zwei, die gebärende Frau[7] und ihr Ehemann, vgl. § 1591 BGB 1900[8]. Waren die Verhältnisse prekärer und die Mutter deshalb vielleicht unverheiratet, so war es von Rechts wegen nur ein Elternteil, die Mutter. Ein außerhalb der Ehe geborenes Kind war nämlich im rechtlichen Sinne mit seinem Vater nicht verwandt – dies übrigens bis 1969, vgl. § 1589 Abs. 2 BGB 1900.[9] Natürlich gab es auch früher seitenspringende Ehemänner und Ehefrauen. Auch Kinder, die durch Samenspende gezeugt wurden, was ja ohne komplizierte technische Hilfsmittel möglich ist – das erste Urteil des Reichsgerichts zu diesem Problemkreis stammt aus dem Jahre 1908.[10]

---

4   Vgl. Mackensen (Hrsg.), Bevölkerungslehre und Bevölkerungspolitik im „Dritten Reich", Berlin 2013.

5   http://www.bpb.de/politik/grundfragen/deutsche-verhaeltnisse-eine-sozialkunde/ 138003/historischer-rueckblick?p=all.

6   Vgl. hierzu etwa Löhnig, Familiengerechtigkeit, in: Helms/Löhnig/Röthel (Hrsg.), Ehe, Familie Abstammung: Blicke in die Zukunft, Frankfurt am Main 2010, S. 33 ff.

7   Dies konnte damals noch als selbstverständlich vorausgesetzt werden, so dass es – anders als heute aufgrund der Möglichkeit der Eizellen- und Embryonenspende – keiner § 1591 BGB vergleichbaren Regelung bedurfte.

8   Das aktuelle Bürgerliche Gesetzbuch wird im Folgenden als BGB zitiert, ältere Fassungen jeweils unter Hinzufügung des Jahres ihres Inkrafttretens, so etwa BGB 1900 für die Urfassung des am 1. Januar 1900 in Kraft getretenen Bürgerlichen Gesetzbuches.

9   Die Norm lautete: „Ein uneheliches Kind und dessen Vater gelten nicht als verwandt.".

10 RG, JW 1908, 485. Als Hilfsmittel hatte in diesem Fall eine einfache Haushaltskerze gedient; eine Frau hatte sich den Samen ihres Mannes nach einer nächtlichen Pollution im Schlaf selbst eingeführt. Das Gericht hatte zu klären, ob dieser Sachverhalt die von § 1591 Abs. 1 Satz 1 BGB 1900 als Voraussetzung für die Ehelichkeit des Kindes geforderte „Beiwohnung" zwischen den Eheleuten erfüllte.

Derlei führte jedoch nicht zu einer Multiplikation der Elternfiguren, weder auf rechtlicher noch auf sozialer Ebene. Der seitenspringende Ehemann hatte mit seinem Ehebruchskind in aller Regel nicht viel zu schaffen und wollte das auch nicht. War seine Freundin ledig, so blieb sie nichteheliche Mutter mit allen Problemen, die das damals mit sich brachte.[11] Sprang eine verheiratete Frau zur Seite, so konnte sich deren Ehemann entscheiden, ob er das Kind akzeptierte[12] oder sich scheiden ließ[13] – wenn er den Seitensprung überhaupt bemerkte. Alles in allem: Eine Komplizierung der tatsächlichen Verhältnisse führte in aller Regel dazu, dass ein Kind eher weniger Eltern hatte, ganz sicher nicht mehr.

2. Wenig Kinder und viele Eltern

Heute hingegen können viele soziale Elternfiguren im Leben eines der wenigen Kinder auftreten, man spricht von einer Pluralisierung der Elternschaft.[14] Ohne Anspruch auf Vollzähligkeit: Die rechtliche Mutter, der rechtliche Vater, oder zwei rechtliche Mütter bzw. zwei rechtliche Väter, ein leiblicher Vater, eine Eizellenspenderin, eine Mietmutter als Geburtsmutter, die neue Partnerin des Vaters, der neue Partner der Mutter, Ex-Partner der Elternteile, Pflegeeltern und andere mehr. Und dies keineswegs nur seriell, sondern auch synchron. Da kann man leicht den Überblick verlieren als Kind.

Dieses Problem haben aber nicht nur die beteiligten Kinder, sondern es hat auch der Gesetzgeber. Der Gesetzgebung scheint es im Kindschaftsrecht an einem durchgängigen Konzept zu fehlen. Diese Kritik ist gar nicht so harsch gemeint, wie sie vielleicht klingen mag, denn ein solches muss man erst einmal entwickeln und durchsetzen können. Zumal gegen die als immer bedeutsamer wahrgenommene Rechtsprechung des Europä-

---

11 Eingehend hierzu Buske, Fräulein Mutter und ihr Bastard. Eine Geschichte der Unehelichkeit in Deutschland 1900 bis 1970, Göttingen 2004.

12 Diese Möglichkeit eröffnete § 1591 Abs. 2 Satz 1 BGB 1900, der eine Beiwohnung des Ehemannes in der Empfängniszeit widerleglich vermutete.

13 In Betracht kam eine Scheidung wegen Ehebruchs nach § 1565 Abs. 1 BGB 1900; bis 1977 war die Ehescheidung nur möglich, wenn der Scheidungskläger einen der vom Gesetz abschließend aufgezählten Scheidungsgründe darlegen und im Fall des Bestreitens auch beweisen konnte.

14 Vgl. hierzu Schwab/Vaskovics (Hrsg.), Pluralisierung der Elternschaft und Kindschaft, Leverkusen 2011.

ischen Gerichtshofs für Menschenrechte, die nationale Wertvorstellungen im Bereich des Familienrechts[15] nur dann zu akzeptieren bereit ist, wenn es an einem europäischen Mainstream in der betreffenden Frage fehlt.[16] Vielleicht entspricht das Fehlen eines Leitbildes aber auch gerade der Pluralität der in unserer Gesellschaft möglichen Lebensformen und wird damit selbst zum Leitbild. Auch wenn ich glaube, dass der Staat durchaus ein Wunschfamilienmodell propagieren und dieses Modell fördern sollte, nämlich die eheliche Familie, deren Privilegien unter dem Druck des Gleichheitssatzes[17] allerdings immer mehr abschmelzen, so tut die Rechtsordnung doch sehr gut daran, auf verschiedenste Lebensmodelle auch mit verschiedenen Regelungsmodellen zu reagieren, wie dies in den letzten Jahren zunehmend geschehen ist.

Auf die Pluralisierung der Lebensmodelle hat jedoch zunächst nicht der Gesetzgeber, sondern das Bundesverfassungsgericht reagiert und den Schutzbereich des Art. 6 Abs. 1 GG[18] nach und nach massiv ausgeweitet: Sollte er nach der Interpretation der 1950er Jahre nur die Ehe und die eheliche Familie[19] erfassen, fallen heute zahlreiche Familienkonstellationen in den Schutzbereich und wird den verschiedensten Elternfiguren im Leben eines Kindes auch ein Elternrecht aus Art. 6 Abs. 2 GG zugesprochen. Mit der Ehe hat das Elternrecht nichts mehr zu tun. Überdies wurde die auf Abstammung beruhende Elternschaft sukzessiv in den Schutzbereich des Elterngrundrechts einbezogen.[20] Bisher geht das Bundesverfassungsgericht[21] aber – anders als der Europäische Gerichtshof für Menschenrechte[22] – noch davon aus, dass die Abstammung allein nicht den Schutzbereich eröffne, sondern dass es hierzu daneben auch einer sozialen und per-

---

15 Zum Problem Löhnig/Preisner, Zur Reichweite des Einflusses der Rechtsprechung des EuGHMR auf das deutsche Kindschaftsrecht, FamRZ 2012, S. 489.
16 Vgl. etwa EGMR, Urteil vom 22. 3. 2012 – 23338/09 (Kautzor/Deutschland), NJW 2013, S. 937.
17 Vgl. etwa BVerfG, Beschluss vom 19. 6. 2012 – 2 BvR 1397/09, FamRZ 2012, S. 1472 (Ehegattensplitting).
18 Zur Entwicklungsgeschichte vgl. Löhnig, The evolution of the concept of familiy and the "special protection of family and marriage" in German Law, Journal on European History of Law, 2013/2, S. 9.
19 Maunz/Dürig/Badura, Grundgesetz-Kommentar, 72. EL 2014, Art. 6 GG Rn. 3.
20 BVerfG, Beschluss vom 09.04.2003 - 1 BvR 1493/96, FamRZ 2003, S. 816.
21 BVerfG, Beschluss vom 20.09.2006 - 1 BvR 1337/06, FamRZ 2006, S. 1661.
22 Vgl. etwa EGMR, Urteil vom 15. 9. 2011 – 17080/07 (Schneider/Deutschland), NJW 2012, S. 2782.

sonalen Verbundenheit zwischen dem Kind und dem Elternteil bedürfe. Zuletzt hat das Bundesverfassungsgericht[23] die Verschiedengeschlechtlichkeit als wesentliches Merkmal der Elternschaft aufgegeben, so dass auch Co-Mütter und Co-Väter in den Schutzbereich fallen.[24]

Auf der Ebene des einfachen Rechts hat der Gesetzgeber auf diese Rechtsprechung reagiert und immer mehr sozialen oder biologischen Elternfiguren eine rechtlich gesicherte Stellung eingeräumt: Dem neuen Ehegatten eines Elternteils das sog. „Kleine Sorgerecht", § 1687b BGB;[25] gleiches gilt für eingetragene Lebenspartner, § 9 Abs. 1 LPartG.[26] Ex-Partnern eines jeden Elternteils ein Umgangsrecht, § 1685 Abs. 2 BGB.[27] Partner eines Elternteils in eingetragenen Lebenspartnerschaften können im Wege der Sukzessiv[28]- oder Stiefkindadoption[29] (nicht aber im Wege gemeinschaftlicher Adoption) Co-Mutter oder Co-Vater werden, § 9 Abs. 7 LPartG. Es bleibt allerdings bislang bei einer Limitierung auf zwei rechtliche Eltern, wenngleich nicht übersehen werden darf, dass der auf zwei Entscheidungen des europäischen Gerichtshofs für Menschenrechts zurückgehende[30] und am 13. Juli 2013 in Kraft getretene § 1686a BGB[31] auf einfachgesetzlicher Ebene auch hier für eine Modifikation gesorgt hat, in-

---

23 BVerfG, Urteil vom 19.02.2013 - 1 BvL 1/11, BVerfGE 133, S. 59.
24 Kritisch zur Begründungsstruktur der Entscheidung Löhnig/Preisner, Der mutmaßliche Gesetzgeberwille als Argumentationsfigur, ZRP 2013, S. 155.
25 BGBl. 2001 I S. 266; zu Rechtsnatur und Streitfragen Löhnig, Neue Partnerschaften der gemeinsam sorgeberechtigt gebliebenen Eltern – Welche Reche haben die neuen Partner?, FPR 2008, S. 157; Löhnig, Das Kind zwischen Herkunftsfamilie und neuer Familie eines Elternteils, Zeitschrift für Familienforschung, Sonderheft 8 (2011), S. 157.
26 BGBl. 2001 I S. 266.
27 BGBl 1997 I S. 2942 (Kindschaftsrechtsreform 1998).
28 BGBl. 2004 I S. 3396.
29 BGBl. 2014 I S. 786 im Anschluss an BVerfG Urteil vom 19. 2. 2013 – 1 BvL 1/11, 1 BvR 3247/09, FamRZ 2013, S. 521.
30 EGMR Urt. v. 21. 12. 2010 – 20578/07 (Anayo/Deutschland), FamRZ 2011, 269; EGMR, Urt. v. 15. 9. 2011 – 17080/07 (Schneider/Deutschland), NJW 2012, S. 2782; zu Folgeproblemen Löhnig/Preisner, Anfechtung der Vaterschaft durch den Samenspender, FamFR 2013, S. 340; Löhnig, Zur Tragung der Kosten des Umgangs von Personen, die nicht rechtliche Eltern sind, mit einem Kind, FamRZ 2013, S. 1886.
31 BGBl. 2013 I S. 2176.

dem er dem leiblichen nicht rechtlichen Vater eines Kindes neben dem rechtlichen Vater gewisse Rechte einräumt.[32]

Unklar bleibt bei der Schaffung derartiger Regelungen stets das Verhältnis der zahlreichen Elternfiguren zueinander. Zu eben dieser Frage möchte ich im Folgenden einige Gedanken entwickeln. Dazu soll zunächst der Ausgangspunkt einer Verschuldrechtlichung des Familienrechts kurz dargelegt werden, bevor ich in einem weiteren Abschnitt die rechtliche Elternschaft als ein gesetzliches Schuldverhältnis mit Treuhandcharakter kennzeichnen werde. Auf dieser Grundlage kann ich dann zunächst zum rechtlichen Verhältnis zweier rechtlicher Elternteile zueinander Stellung nehmen, bevor ich das rechtliche Verhältnis weiterer Elternfiguren zu den rechtlichen Eltern in den Blick nehmen werde.

II. Verschuldrechtlichung des Familienrechts

Die Rechtswissenschaft hat die Aufgabe, diese neuen Regelungsmodelle dogmatisch zu durchdringen. Als ich diesen Vortrag vorbereitet habe, habe ich mich wieder an eine Szene aus dem Nachgespräch meines allerersten Bewerbungsvortrags erinnert: Was ich denn im Familienrecht künftig so machen wolle, lautete die Frage. Und ich habe die offenbar furchtbar naive Antwort gegeben, ich wolle zusehen, das Familienrecht stärker dogmatisch zu durchdringen und näher an die allgemeinen zivilrechtlichen Lehren heranzuführen. Die Antwort: Aber das gehe halt leider nicht.

So ganz befriedigend erscheint mir diese Antwort bis heute nicht. Doch, ich glaube, dass man das Familienrecht stärker zivilrechtsdogmatisch durchdringen kann und muss, ja dass das Familienrecht eines der wenigen klassischen Gebiete ist, auf dem man noch dogmatisch grundlegend arbeiten kann, ohne sich dem Vorwurf auszusetzen, doch nur die Vase vom Schrank auf den Tisch zu stellen und wieder zurück. Und so möchte ich im Folgenden dieses Arbeitsfeld ein wenig umreißen. Ich rücke dem Familienrecht also mit schuldrechtsdogmatischen Werkzeugen zu Leibe, dem Familienrecht, das sich seit langem von der allgemeinen Zivilrechtsdogmatik abgekoppelt hat, wenn es jemals richtig an diese angekoppelt gewesen sein sollte.

---

32 Allerdings ist diese Regelung bislang lückenhaft, so dass insbesondere im Adoptionsrecht Reformbedarf besteht, vgl. Löhnig/Riege, Die Rechte des leiblichen, nicht rechtlichen Vaters im Adoptionsrecht - revisited, FamRZ 2015, S. 9.

Doch das Arbeiten mit Instrumenten des Schuldrechts im Bereich des Familienrechts ist eine wunderbare Methode, den Zorn der familienrechtlichen Zunft auf sich zu ziehen. Was ich kürzlich wieder feststellen konnte, als ich nach der Entfaltung einiger Grundzüge des Rechts der Geschäftsführung ohne Auftrag im Bereich des Unterhaltsrechts in der FamRZ[33] gleich zwei entrüstete Repliken[34] erntete. Deren Umgang mit der schuldrechtlichen Dogmatik allerdings mir[35] wiederum recht kreativ vorgekommen ist.

Die mangelnde Rückbindung des Familienrechts an die Entwicklung der allgemeinen Dogmatik liegt aber nicht vorrangig an einer dogmatischen Indolenz der Familienrechtswissenschaft, sondern vor allem an grundsätzlichen rechtspolitischen Vorbehalten gegen die Verwendung der Kategorie des Schuldverhältnisses im Familienrecht, welche allerdings nach wie vor ebenso untrennbar wie unzutreffend mit dem Schuldrecht als Vermögensrecht verknüpft wird.[36] Die Kommerzialisierung des Familienrechts wird deshalb als zwingende Folge des Arbeitens mit schuldrechtlichen Kategorien angenommen. Daneben wird befürchtet, dass auf diese Weise der persönliche Lebensbereich durch eine weitere Verrechtlichung zum Gegenstand auch gerichtlicher Auseinandersetzungen gemacht werde, was Streit in die Familie trage; ebenso werde der persönliche Lebensbereich hierdurch zum Gegenstand staatlichen Zugriffs.[37]

Eben deshalb wird im familienrechtlichen Schrifttum immer wieder das „Gespenst einer ‚Verschuldrechtlichung des Familienrechts‘[38] beschworen"[39]. Ein Begriff, den einer meiner akademischen Lehrer, Dieter

---

33 Löhnig, Zur Tragung der Kosten des Umgangs von Personen, die nicht rechtliche Eltern sind, mit einem Kind, FamRZ 2013, S. 1866.

34 Spangenberg, Erwiderung auf den Beitrag von Löhnig, FamRZ 2013, S. 1866, FamRZ 2014, S. 355; Wohlgemuth, Erwiderung auf den Beitrag von Löhnig, FamRZ 2013, S. 1866 FamRZ 2014, S. 356.

35 Löhnig, Duplik auf Spangenberg und Wohlgemuth, FamRZ 2014, S. 357.

36 Vgl. etwa bei Gernhuber, Das Schuldverhältnis, Tübingen 1989, § 1 I 4.

37 Vgl. hierzu Preisner, Das gesetzliche mittreuhänderische Schuldverhältnis kraft gemeinsamer Elternschaft. Ein Beitrag zur gegenwärtigen Dogmatik des Familienrechts, Tübingen 2014, S. 2 f.

38 Schwab, Gemeinsame elterliche Verantwortung - ein Schuldverhältnis? - Anmerkungen zur Entscheidung des BGH v. .6.2002 - XII ZR 173/00 (FamRZ 2002, 1099), FamRZ 2002, S. 1297.

39 Formulierung bei Preisner, Das gesetzliche mittreuhänderische Schuldverhältnis kraft gemeinsamer Elternschaft. Ein Beitrag zur gegenwärtigen Dogmatik des Familienrechts, Tübingen 2014, S. 2.

Schwab, geprägt hat und den ich gerne übernehme – allerdings mit einer anderen Konnotation. Ich glaube aber, dass wir mit unseren Auffassungen gar nicht weit auseinander sind, denn die vorgetragenen Bedenken teile ich durchaus, meine jedoch, dass eine Verschuldrechtlichung gerade nicht die befürchteten Folgen hat und dafür im Gegenteil große Vorteile bringt.

Überdies wird die „Verschuldrechtlichung" zutreffend als „Wiederentdeckung des Einzelnen" und „Einzug des Individualrechts" in das Familienrecht gedeutet.[40] Was ich für begrüßenswert halte, weil damit der Abschied vom Verständnis des 19. Jahrhunderts markiert wird, in dem Ehefrau und Kind im normativen Sinne marginalisiert waren. Denn von entscheidender Bedeutung noch für die familienrechtlichen Regelungen des BGB von 1900 war die im 19. Jahrhundert entstandene Vorstellung vom staatsfreien Innenraum der vom pater familias repräsentierten Familie.[41] Die „Wiederentdeckung des Einzelnen" und der „Einzug des Individualrechts" markieren somit die Ankunft des Familienrechts im normativen Umfeld eines Grundrechte verbürgenden Rechtsstaates: Die einfachrechtliche Ausarbeitung des vom Verfassungsgeber gesetzten Auftrags zum Schutz und der Garantie der Menschenwürde, auch und gerade im familiären Nahbereich, hat dann im privaten Familienrecht zu erfolgen. Ein derartiges Verständnis macht übrigens die immer wieder geforderte Einführung von Kindergrundrechten überflüssig: Kinder sind auch Menschen.

III. Elternschaft als Treuhand

1. Treuhand vs. Gesellschaft

Eine Verschuldrechtlichung bringt es mit sich, dass das Familienrecht mit dem Rechtsgebiet des Treuhandrechts in Verbindung gebracht werden muss, dessen Allgemeinen Teil ich in meiner Habilitationsschrift[42] zu entwerfen versucht habe, und das sich für mich nicht nur durch das Handelsrecht, Gesellschaftsrecht, Versicherungsrecht, Bank- und Kapitalmarkt-

---

40 Schwab, Familie, in: Brunner/Conze/Koselleck (Hrsg.), Geschichtliche Grundbegriffe, Band II, Stuttgart 1975, S. 300.
41 Schwab, Familie und Staat, FamRZ 2007, S. 1.
42 Löhnig, Treuhand - Interessenwahrnehmung und Interessenkonflikte, Tübingen 2006.

recht und andere ernsthafte Rechtsgebiete zieht, sondern auch durch das „softlaw" des Familienrechts.

Hierbei wird unter „Treuhand" eine der drei möglichen Grundformen[43] von Schuldverhältnissen verstanden, die sich durch die jeweils unterschiedliche Interessenverknüpfung auszeichnen: Es gibt Schuldverhältnisse, die sich durch einen Interessenantagonismus der Beteiligten kennzeichnen, beispielsweise Kaufverträge und andere Austauschverhältnisse. Desweiteren kennen wir Schuldverhältnisse, deren Beteiligte umgekehrt gerade gleichgerichtete Interessen haben; zuvorderst sind dies Gesellschaftsverträge. Zuletzt gibt es Schuldverhältnisse, denen zu eigen ist, dass ein Beteiligter die Interessen des anderen Beteiligten wahrzunehmen (und in der Regel ggf. hinter Eigeninteressen zurückzustellen) hat: Die Treuhandverhältnisse.[44]

Die rechtlichen Eltern eines Kindes, deren Sorgerecht als Pflichtrecht angesehen wird, dessen Charakter vom BVerfG[45] schon vor Jahren zutreffend, aber eher illustrativ als „treuhänderisch" beschrieben wurde, sind hiernach Treuhänder ihres Kindes. Aus verfassungsrechtlicher Perspektive, weil sich das Elternrecht „von den anderen Freiheitsrechten des Grundrechtskatalogs wesentlich dadurch [unterscheidet], dass es keine Freiheit im Sinne einer Selbstbestimmung der Eltern, sondern zum Schutze des Kindes gewährt."[46] Aus zivilrechtlicher Perspektive, weil rechtlichen Eltern bei der Ausübung ihres Sorgerechts an das Kindeswohl gebunden sind, ihr Sorgerecht also im Interesse ihrer Kinder fremdnützig wahrzunehmen haben;[47] dass ihnen diese Aufgabe kraft Gesetzes und nicht kraft Rechtsgeschäft zugewachsen ist, spielt hierbei keine Rolle. Bei der rechtlichen Elternschaft handelt es sich also um ein gesetzliches Schuldverhältnis mit Treuhandcharakter.

Hingegen lässt sich die Familie hiernach nicht als Gesellschaft beschreiben, weil in einer Familie nicht notwendig gleichgerichtete Interes-

---

43 Hierzu Beyerle, Die Treuhand im Grundriß des deutschen Privatrechts, Tübingen 1932.

44 Löhnig, Treuhand - Interessenwahrnehmung und Interessenkonflikte, Tübingen 2006, S. 115 ff.

45 Grundlegend BVerfG, Urteil vom 9. 2. 1982 - 1 BvR 845/79, NJW 1982, S. 1375 ff.

46 BVerfG, Urteil vom 9. 2. 1982 - 1 BvR 845/79, NJW 1982, S. 1375, 1376.

47 Zu Einzelheiten Löhnig, Treuhand - Interessenwahrnehmung und Interessenkonflikte, Tübingen 2006, S. 175, 237, 241, 250 ff, 462 ff, 493 f, 512 f, 519 ff, 527 ff, 542 ff, 557 ff, 579 f, 675.

sen bestehen, sondern gerade divergierende Interessen zum Ausgleich gebracht werden müssen. Jedes Familienmitglied hat seine eigenen subjektiven Rechte, die es auch gegen die Rechte der anderen Familienmitglieder zur Geltung bringen darf; soweit es hierzu nicht selbst in der Lage ist, durch einen Treuhänder.[48] Die Familie ist nicht mehr als Dampfer zu denken mit dem Ehemann und Vater, der als Kapitän die Richtung vorgibt und als Außenminister die Familie gegenüber dem Staat vertritt[49] – auf eben diesem Bild beruhen jedoch vielfach die überkommenen Modelle, in denen die Familie als Gesellschaft beschrieben wird.

2. Zum Charakter treuhänderischer Pflichten

Die treuhänderischen elterlichen Rechte und Pflichten ergeben sich aus familienrechtlichen Regelungen, die sehr allgemein und abstrakt gefasst sind. Deshalb sind – wie stets bei treuhänderischen Rechten und Pflichten – verschiedene Ebenen zu unterschieden: Der treuhänderische Pflichtenrahmen als abstrakte Ebene und die Ausfüllung dieses festen Rahmens im konkreten Einzelfall.[50] Der Pflichtrahmen verpflichtet die Eltern auf eine an der Wahrung des Kindeswohls als Leitlinie[51] ausgerichtete Interessenwahrnehmung.

Bei der Ausfüllung des Rahmens ist im Bereich der elterlichen Sorge wiederum zu unterschieden: Das Kindeswohl als Leitlinie konkretisierende Regelungen können sowohl durch den Gesetzgeber als auch durch die Eltern erzeugt werden. Eine Konkretisierung durch den Gesetzgeber ist etwa die Verpflichtung der sorgeberechtigten Eltern bei der Pflege und Erziehung die wachsende Fähigkeit und das wachsende Bedürfnis des Kindes zu selbständigem, verantwortungsbewusstem Handeln zu berücksichtigen, § 1626 Abs. 2 Satz 1 BGB, und soweit es nach dessen Entwicklungsstand angezeigt ist, in Fragen der elterlichen Sorge mit dem Kind Einver-

---

48 Zur Auflösung hierbei auftretender Konflikte zwischen den Interessen mehrerer Kinder oder zwischen den Interessen eines Kindes und eines Elternteils vgl. eingehend Löhnig, Treuhand - Interessenwahrnehmung und Interessenkonflikte, Tübingen 2006, S. 289 ff.

49 Vgl. eingehend hierzu Schwab, Familie und Staat, FamRZ 2007, 1.

50 Näher Löhnig, Treuhand - Interessenwahrnehmung und Interessenkonflikte, Tübingen 2006, S. 195 ff.

51 Hierzu Löhnig, Treuhand - Interessenwahrnehmung und Interessenkonflikte, Tübingen 2006, S. 199 ff.

nehmen anzustreben, § 1626 Abs. 2 Satz 2 BGB.[52] Die Konkretisierung des treuhänderischen Pflichtenrahmens durch die Eltern erfolgt durch Festlegung genereller, auf Dauer angelegter Erziehungsleitlinien, denn es steht zuvorderst den Eltern zu, im Rahmen gewisser objektiver Vorgaben die Kategorie des Kindeswohls für sich selbst zu definieren; an dieser Definition müssen die Eltern allerdings ihr weiteres Verhalten und Handeln messen lassen.[53]

Die Ausfüllung der konkretisierten Leitlinien erfolgt schließlich situationsangemessen durch die Eltern, welche jeweils aus den Leitlinien fortlaufend konkrete Einzelpflichten abzuleiten haben.[54]

3. Gesetzliches Schuldverhältnis mit Treuhandcharakter

Aber wieso lässt sich überhaupt sagen, es handle sich beim Sorgerechtsverhältnis zwischen Elternteilen und Kind jeweils um gesetzliche Schuldverhältnisse und nicht etwa um familienrechtliche Rechtsverhältnisse eigener Art oder ähnliches?

Der Gesetzgeber des Bürgerlichen Gesetzbuchs von 1900 hatte den Begriff des Schuldverhältnisses bewusst offen gelassen. Nach inzwischen seit vielen Jahren gängiger Auffassung, an die auch der Gesetzgeber der Schuldrechtsmodernisierung 2002 anknüpfte, handelt es sich bei einem Schuldverhältnis um ein umfassendes, aus einer Reihe von Rechten und Pflichten bestehendes, Rechtsverhältnis, also um ein Bündel von Ansprüchen.[55] Da diese Rechte und Pflichten nach heute gängigem Verständnis keinen unmittelbaren Vermögensbezug haben müssen, handelt es sich bei einem Schuldverhältnis also um ein Rechtsverhältnis, bei dem die Rechtspflichten zwischen den Beteiligten einen gewissen, über das Maß der übli-

---

52 Preisner, Das gesetzliche mittreuhänderische Schuldverhältnis kraft gemeinsamer Elternschaft. Ein Beitrag zur gegenwärtigen Dogmatik des Familienrechts, Tübingen 2014, S. 290.
53 Preisner, Das gesetzliche mittreuhänderische Schuldverhältnis kraft gemeinsamer Elternschaft. Ein Beitrag zur gegenwärtigen Dogmatik des Familienrechts, Tübingen 2014, S. 290.
54 Näher Löhnig, Treuhand - Interessenwahrnehmung und Interessenkonflikte, Tübingen 2006, S. 834 f.
55 Jauernig/Mansel, Kommentar zum BGB, 5. Aufl., München 2014, § 241 BGB, Rn. 1-3.

19

cherweise im Rechtsverkehr geltenden gegenseitigen Rechte und Pflichten hinausgehenden Grad der Verdichtung erreicht haben.

Dies ist bei den Elternrechten und -pflichten dem Kind gegenüber zweifelsohne der Fall. Diese Pflichten bestehen nicht kraft rechtsgeschäftlicher Begründung, sondern von Gesetzes wegen – ein gesetzliches Schuldverhältnis also.[56] Es ist also nicht Geschmackssache, ob man im Familienrecht mit der Kategorie des Schuldverhältnisses arbeitet, sondern das Bürgerliche Gesetzbuch gibt dies zwingend vor.

Deshalb hat der Gesetzgeber der Kindschaftsrechtsreform 1998 übrigens auch ganz zutreffend die Möglichkeit geschaffen, die gemeinsame elterliche Sorge durch zwei Sorgeerklärungen als – wie Dieter Schwab[57] es zu Recht bezeichnet – parallel laufende, amtsempfangsbedürftige Erklärungen zu begründen und nicht etwa durch einen Sorgevertrag zwischen den Eltern oder ähnliches; die Rechtsfolge dieser Erklärungen, die Begründung der elterlichen Sorge auch des rechtlichen Vaters des Kindes, tritt kraft Gesetzes ein, wenn beide Erklärungen vorliegen, § 1626a Abs. 1 Nr. 1 BGB.

IV. Eltern als Mittreuhänder

1. Veränderung der Parameter

Was uns nun interessieren soll, ist die Frage nach dem Verhältnis verschiedener oftmals konkurrierender und damit potentiell auch konfligierender Elternfiguren zueinander. Beginnen wir mit dem Verhältnis der beiden rechtlichen Eltern zueinander. Hierfür kann ich mich auch auf Arbeiten meiner Schülerin Mareike Preisner[58] stützen, die in ihrer Dissertation das Eltern-Eltern-Verhältnis untersucht und sich damit eine Frage ge-

---

56 Vgl. auch die ausführungen zu § 1626 BGB in Soergel/Preisner, Kommentar zum Bürgerlichen Gesetzbuch, 13. Aufl., Stuttgart 2015.

57 Schwab, "Parallel laufende Erklärungen". Zugleich ein Beitrag zur Gesetzestechnik der Kindschaftsrechtsreform, in: Beuthien/Fuchs/Schiemann/Roth/Wacke (Hrsg.), Festschrift für Dieter Medicus zum 70. Geburtstag, Köln/Berlin/Bonn/ München 1999, S. 587.

58 Preisner, Das gesetzliche mittreuhänderische Schuldverhältnis kraft gemeinsamer Elternschaft. Ein Beitrag zur gegenwärtigen Dogmatik des Familienrechts, Tübingen 2014.

stellt hat, die sich die Familienrechtswissenschaft lange Zeit erst nicht stellen musste. Und dann nicht stellen wollte.

Das Familienrecht des BGB von 1900 beruhte, wie gesagt, auf dem Leitbild der bürgerlichen Ehe und ehelichen Familie, welches sich im Verlaufe des 19. Jahrhunderts herausgebildet hatte. Die Regelungsdichte des Familienrechts war gering, man vertraute auf die Prägekraft der „sittlichen Verhältnisse".[59] Die Lebensgemeinschaft der Eheleute war de iure patriarchal strukturiert: Dem Mann kam die Rolle des Hausvorstands, Ernährers und Vermögensverwalters sowohl im Verhältnis zu seiner Ehefrau, als auch im Verhältnis zu den gemeinsamen minderjährigen Kindern zu. Die Ehe galt normativ und gesellschaftlich als Voraussetzung für eine Familiengründung. Die Geburt eines Kindes außerhalb der Ehe war mit einem Makel behaftet, der nicht nur der Mutter als „unverantwortlicher Person" anhaftete, sondern auch dem Kind angelastet wurde. Eine gemeinsame elterliche Verantwortung gab es nur bei miteinander verheirateten Eltern.[60]

Die Frage nach dem Charakter des Verhältnisses zweier rechtlicher Eltern zueinander konnte sich erst nach der Veränderung zahlreicher Parameter stellen: 1.) Der endgültigen Verabschiedung des staatsfreien Raums Familie durch die Verfassungsgesetzgebung des Jahres 1949, 2.) Dem Inkrafttreten des Gleichberechtigungsgesetzes am 1. Juli 1958[61] und eines auf einer Entscheidung des Bundesverfassungsgerichts[62] beruhenden Nachfolgegesetzes, die unter anderem den Vorrang und damit auch den Stichentscheid des Ehemannes beseitigten. Sowie der damit verbundenen Einführung der Regelung des § 1627 BGB, der eine Einigungspflicht zwischen den Eltern statuierte, 3.) Der Möglichkeit gemeinsamer Elternschaft und gemeinsamer elterlicher Sorge auch für nicht mehr oder sogar niemals miteinander verheiratete Eltern, welche durch die Anerkennung der rechtlichen Verwandtschaft zwischen dem nicht mit der Kindsmutter verheirateten Vater und seinem Kind im Zuge des zum 1. Juli 1970 in Kraft getre-

---

59 Peschel-Gutzeit, Die geschichtliche Entwicklung der Vaterstellung im deutschen Recht seit 1900, FPR 2005, 167.
60 Eingehend hierzu Preisner, Das gesetzliche mittreuhänderische Schuldverhältnis kraft gemeinsamer Elternschaft. Ein Beitrag zur gegenwärtigen Dogmatik des Familienrechts, Tübingen 2014, S. 121 ff.
61 BGBl. 1957 I, S. 609.
62 BVerfG Urteil vom 29.07.1959 - 1 BvR 205/58, BVerfGE 10, S. 59 = NJW 1959, S. 1483; zur Fortentwicklung des Familienrechts durch das Bundesverfassungsgericht vgl. Schwab, Modernisierung des Familienrechts durch das Bundesverfassungsgericht, Anwaltsblatt 2009, S. 557.

tenen Nichtehelichengesetzes[63] und der Neufassung des Sorgerechts im Zuge der Kindschaftsrechtsreform 1998[64] geschaffen wurde, und 4.) der Zunahme und zunehmenden sozialen Anerkennung nichtehelicher Partner- und Elternschaft[65].

2. Unabhängigkeit von Ehe und gemeinsamer Elternschaft

Können[66] nicht mehr oder nicht miteinander verheiratete Eltern ebenso gemeinsam die rechtlich flankierte Verantwortung für ihr Kind übernehmen wie miteinander verheiratete Eltern, dann kann das Rechtsverhältnis der Ehe nichts mit der gemeinsamen Elternschaft zu tun haben. Derartige Ideen waren lange Zeit freilich nicht en vogue, weil auf diese Weise eine Ehe minderer Art zu drohen schien und überdies eine Legalisierung „gschlamperter Verhältnisse". Dass Verhältnisse, die man früher als „gschlampert" bezeichnet hätte, zum Wohl des betroffenen Kindes rechtlich gefasst werden und die Beteiligten sich nicht zu Lasten des Kindes in einem angeblich rechtsfreien Raum bewegen müssen, ist nur zu begrüßen.

Auch eine Ehe minderer Art droht nicht, wenn man annimmt, zwei sorgeberechtigte Eltern, beide Treuhänder ihres Kindes, sogenannte Mittreuhänder[67] also, seien durch ein mittreuhänderisches gesetzliches Schuldverhältnis miteinander verbunden, welches allein kraft gemeinsamer Elternschaft entsteht. Es handelt sich nämlich um ein in seinen Rechten und

---

63 BGBl. 1969 I, S. 1243.

64 BGBl. 1997 I, S. 2942; vgl. dazu auch Schwab, Elterliche Sorge bei Trennung und Scheidung der Eltern - Die Neuregelung des Kindschaftsrechtsreformgesetzes, FamRZ 1998, S. 457.

65 Hierzu auch Schwab, Ehe und eheloses Zusammenleben heute - Eine Reflexion, in: Festschrift für Rechtsanwältin Ingrid Groß, hg. von Klaus Schnitzler und Ingeborg Rakete-Dombek, Schriftenreihe der Arbeitsgemeinschaft für Familien- und Erbrecht im Deutschen Anwaltverein, Bonn 2004, S. 215.

66 Allerdings gilt dies noch immer nicht kraft Gesetzes, vgl. Löhnig, Konsequenzen aus der Entscheidung des Europäischen Gerichtshofs für Menschenrechte zum Sorgerecht des nicht mit der Kindesmutter verheirateten Vaters, FamRZ 2010, S. 338; Löhnig, Lösungsmodelle für das Sorgerecht nicht miteinander verheirateter Eltern – Plädoyer für einen Perspektivenwechsel, in: Coester-Waltjen/Lipp/Schumann/Veit (Hrsg.), Reformbedarf im nichtehelichen Eltern-Kind-Verhältnis, Göttingen 2012, S. 29.

67 Zur Mittreuhänderschaft eingehend Löhnig, Treuhand - Interessenwahrnehmung und Interessenkonflikte, Tübingen 2006, S. 565 ff.

Pflichten ausschließlich auf die gemeinsame Elternschaft, nicht auf die Paarebene ausgerichtetes gesetzliches Schuldverhältnis. Man könnte dieses gesetzliche Schuldverhältnis gleichsam als Sorgerechtsschutzverhältnis bezeichnen, das allein dazu dient, die zwischen dem Kind und seinen beiden Eltern jeweils bestehenden treuhänderischen Sorgerechtsverhältnisse funktionsfähig zu halten, sie abzusichern. Sind die Eltern miteinander verheiratet, bildet die Ehe ein zweites, diese beiden Personen verbindendes Schuldverhältnis, das aber andere (und zwar eheliche) Rechte und Pflichten konstituiert, welche die Paarebene betreffen.[68]

3. Das Pflichtengefüge im Eltern-Eltern-Verhältnis

a. Ausgangspunkt § 1627 BGB bzw. § 1684 BGB

Das Modell dieser Verschuldrechtlichung des Eltern-Eltern-Verhältnisses ist eng an das geltende Recht gebunden: Der vorhin erwähnte § 1627 BGB bildet nämlich die Schlüsselnorm für das mittreuhänderische Eltern-Eltern-Verhältnis als gesetzliches Schuldverhältnis. Diese Norm enthält Aussagen über die Art und Weise, in der die Eltern die gemeinsame Sorge auszuüben haben, und führt dazu, dass sich das Eltern-Eltern-Verhältnis zu einem Schuldverhältnis verdichtet, weil die gegenseitigen Rechte und Pflichten über das im Rechtsverkehr ansonsten geltende Maß hinausgehen. § 1627 BGB verpflichtet zur Kooperation und Koordination bei der Wahrnehmung der von ihnen gemeinsam zu tragenden Elternverantwortung. Die Norm gilt unabhängig davon, ob die Eltern des Kindes miteinander verheiratet oder geschieden sind, ob sie miteinander durch eine faktische Partnerschaft verbunden sind oder nicht und unabhängig davon, ob sie zusammen oder voneinander getrennt leben, soweit ihnen nur die gemeinsame Sorge für das Kind zusteht.[69]

---

68 Löhnig, Treuhand - Interessenwahrnehmung und Interessenkonflikte, Tübingen 2006, S. 254 f.; 566; genauso Preisner, Das gesetzliche mittreuhänderische Schuldverhältnis kraft gemeinsamer Elternschaft. Ein Beitrag zur gegenwärtigen Dogmatik des Familienrechts, Tübingen 2014, S. 282.

69 Zur bislang mangelhaften dogmatischen Durchdringung dieser Norm Preisner, Das gesetzliche mittreuhänderische Schuldverhältnis kraft gemeinsamer Elternschaft. Ein Beitrag zur gegenwärtigen Dogmatik des Familienrechts, Tübingen 2014, S. 204 ff.

Ebenso kann die Wohlverhaltenspflicht des § 1684 Abs. 2 BGB als die Verdichtung bewirkender Kern eines gesetzlichen Schuldverhältnisses, nämlich des Umgangsschutzverhältnisses zwischen einem umgangsberechtigten und einem sorgeberechtigten Elternteil angesehen werden: Die Beteiligten haben hiernach alles zu unterlassen, was das Verhältnis des Kindes zum jeweils anderen Beteiligten beeinträchtigt oder die Erziehung erschwert. Auch hier statuiert der Gesetzgeber also Pflichten und zeigt damit, dass die Beteiligten durch ein gesetzliches Schuldverhältnis miteinander verbunden sind, das den kindeswohlgerechten Umgang mit dem Umgangsrecht absichern soll; mangels umfassender Treuhänderstellung des nicht sorgeberechtigten Elternteils handelt es sich hierbei jedoch um ein mittreuhänderisches Schuldverhältnis, welches lediglich die wenigen von beiden Eltern gemeinsam wahrzunehmenden Rechte und Pflichten umfaßt.

b. Pflichten und Pflichtverletzung

aa. Primärpflicht

Die Primärleistungspflicht des gesetzlichen mittreuhänderischen Schuldverhältnisses besteht in der umfassenden Kooperationspflicht der Eltern im Interesse und zum Wohl des Kindes. Es handelt sich hierbei um eine Dauerpflicht mit Rahmencharakter. Der konkrete Pflichtgehalt ist immer wieder situationsangemessen an den von den Eltern gemeinsam festgelegten Leitlinien zu konkretisieren.

Aus einer Verletzung der Kooperationspflicht resultiert in der Regel kein Anspruch auf Schadensersatz wegen Pflichtverletzung, denn eine derartige Pflichtverletzung führt in der Regel nicht zu materialisierbaren Schädigungen; dieser persönliche Bereich entzieht sich also nicht schuldrechtlichen Wertungen, sondern umgekehrt entstehen gerade aufgrund schuldrechtlicher Wertungen auf diesem Feld keine Schadenersatzansprüche. Vielmehr wird der neue status-quo selbst wieder zum Ausgangspunkt und zur Grundlage, auf der die Pflicht zur Kooperation zu konkretisieren ist, so dass auch von Naturalrestitution in der Regel keine Rede sein kann. Durch eine Verschuldrechtlichung des Familienrechts werden also keineswegs massenhaft Schadenersatzansprüche innerhalb der grundsätzlich intakten Familie erzeugt.

Ausnahmen bestehen im Bereich der Vermögenssorge; hier kann eine Verletzung der Kooperationspflicht zu Schäden beim anderen Elternteil führen; dies ist insbesondere dann der Fall, wenn infolge der Pflichtverletzung ein Vermögensschaden beim Kind entstanden ist, für den auch der andere Elternteil haftet. Infolgedessen entsteht ein auf Naturalrestitution gerichteter Schadenersatzanspruch aus § 280 Abs. 1 BGB des anderen Elternteils gegen den pflichtverletzenden Elternteil.

bb. Neben- und Schutzpflichten

Aus dem Schuldverhältnis erwachsen überdies Neben- und Schutzpflichten, § 241 Abs. 2 BGB. Diese betreffen die Interessen der beiden betroffenen Elternteile. Als Eltern eines gemeinsamen Kindes sind beide, unabhängig davon ob zwischen ihnen eine Paarbeziehung besteht oder nicht, durch das gesetzliche Schuldverhältnis in ein Näheverhältnis gezwungen. Das Näheverhältnis ermöglicht jedem der beiden Elternteile zudem, stärker als sonstigen Dritten, die Möglichkeit auf die Rechte, Rechtsgüter und Interessen des anderen zuzugreifen.

So kann etwa eine Umgangsvereitelung zu frustrierten Vermögensaufwendungen führen, die – unter weiteren Voraussetzungen – grundsätzlich nach § 280 BGB ersatzfähig sind, wie dies kürzlich auch der BGH[70] zutreffend erneut entschieden hat.

c. Insbesondere: Haftungsmaßstab

Eine massenhafte Entstehung von Ansprüchen im Verhältnis der Eltern zueinander wird überdies durch eine analoge Anwendung des Haftungsprivilegs aus § 1664 Abs. 1 BGB verhindert.[71] Es besteht eine ausfüllungsfähige Regelungslücke, denn das Gesetz regelt zwar einzelne Pflichten, die dem gesetzlichen Schuldverhältnis zwischen den Elternteilen entspringen, nicht aber den Haftungsmaßstab. Die gemeinsam sorgeberechtigten Eltern sind kraft der gemeinsamen Sorge jedoch durch ein dauerhaftes Nä-

---

70 BGH, Beschluss vom 20. 2. 2013 – XII ZB 412/11, NJW 2013, S. 2108; hierzu Löhnig/Preisner, Erfreulich klare Worte des BGH - Wegweiser zur Fortentwicklung der gegenwärtigen Familienrechtsdogmatik (zugleich Besprechung von BGH, Beschluss vom 20. Februar 2013 - XII ZB 412/11), NJW 2013, S. 2080.

71 Vgl. die Ausführungen zu § 1626 BGB in Soergel/Preisner, Kommentar zum Bürgerlichen Gesetzbuch, 13. Aufl., Stuttgart 2015.

heverhältnis miteinander verbunden, wie dies auch in anderen familienrechtlichen Schuldverhältnissen, nämlich dem Eltern-Kind-Verhältnis und der Ehe, der Fall ist. In diesen Schuldverhältnissen regelt das Bürgerliche Gesetzbuch jeweils eine Haftungsmilderung, §§ 1359 und 1664 BGB: Geschuldet ist nur die eigenübliche Sorgfalt.

Einer analogen Anwendung des Haftungsprivilegs aus § 1664 BGB auf das Eltern-Eltern-Verhältnis lässt sich nicht entgegenhalten, dass diese Norm nicht aus der partnerschaftlichen Regelungssphäre, sondern aus dem Eltern-Kind-Verhältnis stamme, denn die Pflichten aus dem gesetzlichen Schuldverhältnis zwischen den beiden Elternteilen sind genau auf die Funktionsfähigkeit der beiden Eltern-Kind-Verhältnisse gerichtet und lassen sich deshalb gerade dieser Regelungssphäre zurechnen.

d. Klagbarkeit

Schuldrechtliches Denken in Ansprüchen führt zu Fragen der Klagbarkeit dieser Ansprüche. Gerade das massenhafte Entstehen derartiger Ansprüche innerhalb grundsätzlich funktionsfähiger Familien ist die vielfach befürchtete Folge einer Verschuldrechtlichung des Familienrechts. Diese Folge tritt jedoch deshalb nicht ein, weil spezielle familienrechtliche Wertungen in vielen Fällen die Klagbarkeit gerade ausschließen; derartige nicht klagbare Ansprüche (Naturalobligationen) sind dem Zivilrecht auch außerhalb des Familienrechts nicht fremd.

Für Ansprüche zweier sorgeberechtigter Elternteile aus dem mittreuhänderischen Eltern-Eltern-Verhältnis findet sich eine solche Norm in § 1628 BGB. Hiernach kann das Familiengericht auf Antrag eines Elternteils die Entscheidung einem Elternteil übertragen, wenn sich die Eltern in einer einzelnen Angelegenheit oder in einer bestimmten Art von Angelegenheiten der elterlichen Sorge, deren Regelung für das Kind von erheblicher Bedeutung ist, nicht einigen können. Daraus lässt sich entnehmen, dass den Eltern immer dann, wenn es um Angelegenheiten geht, die für das Kind nicht von erheblicher Bedeutung sind, der Weg zu Gericht nicht offensteht. In Angelegenheiten, die von erheblicher Bedeutung für das Kind sind, steht zwar der Weg zum Familiengericht offen, jedoch nur zum Zwecke der Streitbeilegung durch Übertragung der Entscheidungsbefugnis auf einen Elternteil. Überdies stellt das FamFG als eigenständige Verfahrensordnung sicher, dass diese Verfahren als nicht-streitige Verfahren nach §§ 151 ff. FamFG geführt werden.

Klagbar sind hingegen Ansprüche aus § 280 Abs. 1 BGB wegen Verletzung von Pflichten nach § 241 Abs. 2 BGB; hierbei handelt es sich um sonstige Familiensachen nach § 266 Abs. 1 FamFG, die als streitige Familiensachen verhandelt werden, § 112 Nr. 3 FamFG.

V. Andere Elternfiguren

Schafft man rechtliche Regelungen für Patchworkfamilien wie die genannten §§ 1685, 1686a oder 1687b BGB zugunsten von Ex-Partnern der Elternteile, des leiblichen, nicht rechtlichen Vaters oder eines Stiefelternteils, dann stellt sich über das Eltern-Eltern-Verhältnis hinaus auch die Frage nach dem rechtlichen Verhältnis der dort genannten Elternfiguren zum Kind und zu den rechtlichen Eltern des Kindes.

1. Keine Treuhand

Wie mir scheint, stellt das Umgangsverhältnis zwischen einem Kind und einer sonstigen Bezugsperson, § 1685 BGB, oder auch das Stiefelternverhältnis, § 1687b BGB, kein Treuhandverhältnis dar, auch wenn die Beteiligten sämtlich auf das Kindeswohl verpflichtet sind.

Die elterliche Treuhänderstellung ergibt sich aus der Verpflichtung der rechtlichen Eltern gegenüber dem Kind. Aufgrund der verfassungsrechtlich geschützten Elternverantwortung, Art. 6 Abs. 2 Satz 1 GG, ist das elterliche Umgangsrecht (und die damit korrespondierende Umgangspflicht) dogmatisch anders zu verorten als das im allgemeinen Persönlichkeitsrecht, Art. 2 Abs. 1, Art. 1 Abs. 1 GG, wurzelnde Umgangsrecht oder Recht zur untergeordneten Mitausübung der elterlichen Sorge (Kleines Sorgerecht) durch sonstige Bezugspersonen.

2. Kein mittreuhänderisches gesetzliches Schuldverhältnis

Ein mittreuhänderisches Schuldverhältnis zwischen einem Elternteil und einer sonstigen Bezugsperson besteht hiernach in meinen Augen nicht. Zwar ist das Wohlverhaltensgebot des § 1684 Abs. 2 BGB auch auf diese Konstellationen entsprechend anzuwenden, sind also auch hier die Beteiligten in einem gesetzlichen Schuldverhältnis zum Wohl des Kindes, namentlich zur Sicherung seiner Umgangskontakte, zu einer gewissen Kooperation verpflichtet. Es handelt sich bei diesem gesetzlichen Schuldverhältnis aber nicht um eine gleichstufige mittreuhänderische Verpflichtung. Vielmehr obliegt es allein den rechtlichen und sorgeberechtigten Eltern, die Leitlinien der Erziehung festzulegen und – im Rahmen der Leitplanken einer breiten Hauptstraße – den Begriff des Kindeswohls für sich zu definieren, während die anderen Bezugspersonen an diesen Rahmen gebunden sind und elterliche Erziehungsmaximen nicht konterkarieren dürfen.

3. Pflichtverletzungen

Pflichtverletzungen in diesen gesetzlichen Schuldverhältnissen dürften einmal auf der Ebene der Umgangsvereitelung oder Überschreitung der Grenzen des Umgangs mit der Folge des Eintritts von Vermögensschäden liegen, welche ohne weiteres zu entsprechenden Schadenersatzansprüchen aus § 280 Abs. 1 BGB führen.[72]

Auf der anderen Seite kann es zu Pflichtverletzungen durch nachhaltige Missachtung der elterlichen Leitlinien kommen. Anders als zwischen rechtlichen Eltern wird dann jedoch nicht die Pflicht zur Neujustierung der Kooperation zwischen den Mittreuhändern die Folge sein, sondern die Aussetzung des Umgangs mangels Kindeswohldienlichkeit auf Betreiben der rechtlichen Eltern.

4. Der Sonderfall des § 1686a BGB

Nicht leicht erscheint vor diesem Hintergrund die Einordnung des leiblichen nicht rechtlichen Vaters und seiner Rechte aus § 1686a BGB. Einerseits ist er – hierin gleicht er Umgangsberechtigten nach § 1685 Abs. 2 BGB – nicht rechtlicher oder gar sorgeberechtigter Elternteil. Andererseits ist auch für ihn jedenfalls dann, wenn es tatsächlich zu Umgangskontakten

---

72 Vgl. BGH, Beschluss vom 20. 2. 2013 – XII ZB 412/11, NJW 2013, S. 2108; hierzu Löhnig/Preisner, Erfreulich klare Worte des BGH - Wegweiser zur Fortentwicklung der gegenwärtigen Familienrechtsdogmatik (zugleich Besprechung von BGH, Beschluss vom 20. Februar 2013 - XII ZB 412/11), NJW 2013, S. 2080.

kommt, der Schutzbereich des Art. 6 Abs. 2 Satz 1 GG eröffnet,[73] so dass sich sein Umgangsrecht – anders als in den Fällen des § 1685 BGB – nicht nur aus dem Allgemeinen Persönlichkeitsrecht herleiten lässt.

Nicht allzu fernliegend erscheint deshalb eine Gleichsetzung des leiblichen nicht rechtlichen Vaters mit einem lediglich nach § 1684 BGB umgangsberechtigten rechtlichen Vater. Beide leiten aus ihrem Elternrecht, Art. 6 Abs. 2 Satz 1 GG, ein Umgangsrecht her, während die vollumfängliche treuhänderische Erziehungsverantwortung allein bei der sorgeberechtigten Mutter liegt. Allerdings sind auch deutliche Unterschiede zu erkennen: Nicht nur, dass das Umgangsrecht des nicht sorgeberechtigten rechtlichen Vaters gleichsam als nahezu unentziehbarer Kern des ansonsten nicht bestehenden Sorgerechts anzusehen ist, sondern auch dass der rechtliche Vater im Gegensatz zum leiblichen nicht rechtlichen Vater auch Pflichten hat. Er ist aus seiner Elternverantwortung heraus zum Umgang verpflichtet, § 1684 Abs. 1 BGB, der leibliche, nicht rechtliche Vater hingegen nicht. Zudem schuldet er Unterhalt, § 1601 BGB, der leibliche, nicht rechtliche Vater hingegen nicht. Auch beerben sich rechtlicher Vater und Kind gegenseitig, nicht hingegen leiblicher nicht rechtlicher Vater und Kind.

Ganz offensichtlich zieht das einfache Recht keine Konsequenzen aus dem Umstand, dass der leibliche nicht rechtliche Vater sich ebenfalls auf das Elternrecht aus Art. 6 Abs. 2 Satz 1 GG berufen kann, welches nicht nur Rechte einräumt, sondern auch Pflichten begründet, indem es die Regelung dieser Pflichten versäumt. Solange der leibliche nicht rechtliche Vater jedoch keine Pflichten dem Kind gegenüber hat, kann er auch nicht als Treuhänder angesehen werden. Das Umgangsverhältnis zwischen ihm und seinem Kind stellt demnach kein Treuhandverhältnis dar, auch wenn er auf das Kindeswohl verpflichtet ist; zwischen ihm und den rechtlichen Eltern kommt folglich auch kein mittreuhänderisches gesetzliches Schuldverhältnis zustande. Abschied von der Zweielternschaft wird folglich erst dann zu nehmen sein, wenn der leibliche nicht rechtliche Vater seiner privilegierten Stellung als „Vater light" beraubt sein wird.

---

73 Vgl. oben.

VI. Fazit: Was bringt die Verschuldrechtlichung des Familienrechts – und was nicht?

Am Ende hoffe ich, das Gespenst der Verschuldrechtlichung des Familienrechts ein wenig entzaubert zu haben. Unter dem weißen Bettlaken mit den zwei großen Augenlöchern befindet sich nichts anderes als die altbekannte Schuldrechtsdogmatik, modifiziert durch familienrechtliche leges speciales. Diese familienrechtlichen Spezialregelungen verhindern aber eine Kommerzialisierung der Familie ebenso wie massenhafte Prozesse innerhalb einer grundsätzlich funktionsfähigen Familie. Erst recht ist die Verschuldrechtlichung des Familienrechts kein Instrument, mit dem sich irgendwelche Zwangsbeglückungs- oder Zwangsoptimierungsphantasien ausleben lassen.

Was die Verschuldrechtlichung aber bringt: Ein Familienrecht auf der Höhe des Grundgesetzes, welches die von der Verfassung durch die Wahrung subjektiver Rechte jedes einzelnen Menschen eingeleitete Individualisierung auch auf der Ebene der Familie nachvollzieht und das Familienbild des 19. Jahrhunderts verabschiedet; wer sich in eine Familie begibt, büßt dadurch ebensowenig seine verfassungsmäßig garantierten Rechte ein wie er sich einem Familienoberhaupt unterordnet – oder die Stellung eines solchen erwirbt. Allein ein verschuldrechtlichtes Familienrecht wird im Übrigen seiner Stellung im Bürgerlichen Gesetzbuch gerecht und vollzieht die seit der Schuldrechtsmodernisierung gesetzlich vorgegebene Anwendbarkeit der Figur des Schuldverhältnisses im Familienrecht nach.

Zudem erreicht die Verschuldrechtlichung des Familienrechts eine präzise Zustandsbeschreibung einer funktionierenden Familie mit den zwischen den Familienmitgliedern bestehenden Rechtsverhältnissen und Pflichtengefügen. Dies sollte nicht gering geschätzt werden: Das Recht muss auf seine formative Kraft vertrauen und ein Idealbild einer funktionsfähigen Familie und eines gelingenden Erziehungsvorgangs zeichnen können, wohlgemerkt jenseits des Rückgriffs auf „natürlich-sittliche Verhältnisse", weil es im Geltungsbereich des Grundgesetzes keine rechtsfreien Räume geben kann.[74] Die Prägung der Mentalität der Rechtsunterworfenen durch Rechtsetzung kann nur gelingen, wenn das geltende Recht

---

74 Eindrücklich Preisner, Das gesetzliche mittreuhänderische Schuldverhältnis kraft gemeinsamer Elternschaft. Ein Beitrag zur gegenwärtigen Dogmatik des Familienrechts, Tübingen 2014, S. 15 ff.

überhaupt zur Beschreibung einer funktionsfähigen Familie in der Lage ist.

Nicht zuletzt kann die Verschuldrechtlichung die von Rechtsprechung und gängiger Auffassung als bestehend angenommenen Schadenersatzansprüche zwischen Familienmitgliedern auf eine saubere dogmatische Grundlage zurückführen – ohne diese Ansprüche oder entsprechende innerfamiliäre Gerichtsverfahren entscheidend zu vermehren. Die Verschuldrechtlichung zieht die Anwendbarkeit eines klaren Regelungskanons nach sich, freilich unter strikter Beachtung des Vorrangs familienrechtlicher Sonderwertungen.

Am Ende bringt die Verschuldrechtlichung des Familienrechts also im Ergebnis wenig Neues. Das Maß des Abweichens von bislang konsentierten Ergebnissen ist freilich kein Qualitätskriterium rechtswissenschaftlichen Arbeitens.

Schriften der Juristischen Studiengesellschaft Regensburg e.V.

Lieferbar:

Heft 27: **Spickhoff · Aktuelle Rechts- Fragen des medizinischen Behandlungsverhältnisses**
Zivilrechtsdogmatische Überlegungen de lege lata und de lege ferenda
Von Prof. Dr. Andreas Spickhoff
2004. 64 Seiten. Kart. € 20,-
ISBN 978-3-406-52081-5

Heft 28: **Hassemer · Religiöse Toleranz im Rechtsstaat**
Das Beispiel Islam
Von Prof. Dr. Dres. h.c. Winfried Hassemer
2004. 56 Seiten. Kart. € 18,80
ISBN 978-3-406-52082-2

Heft 29: **Hofer · Vertragsfreiheit am Scheideweg**
Von Prof. Dr. Sibylle Hofer
2006. 36 Seiten. Kart. € 14,-.
ISBN 978-3-406-54714-0

Heft 30: **Manssen · Verwaltungsrecht als Standortnachteil?**
Möglichkeiten und Grenzen des Bürokratieabbaus
Von Prof. Dr. Gerrit Manssen
2006. 42 Seiten. Kart. € 19,80
ISBN 978-3-406-54715-7

Heft 31: **Pawlik · Der Terrorist und sein Recht**
Zur rechtstheoretischen Einordnung des modernen Terrorismus
Von Prof. Dr. Michael Pawlik, LL.M.
2008. 51 Seiten. Kart. € 26,-

Heft 32: **Kingreen · Soziale Rechte und Migration**
Von Prof. Dr. Thorsten Kingreen
2010. 88 Seiten. Brosch. € 19,-
ISBN 978-3-8329-5907-4

Heft 33:
Büttner · Berufung und Revision
Zivilprozessuale Rechtsmittel im Wandel
Von RA Dr. Hermann Büttner
2010. 33 Seiten. Kart. € 11,-
ISBN 978-3-8329-5902-9

Heft 34: **Knapp · Europarecht und Vertragsgestaltung**
Von Dr. Andreas Knapp
2011. 69 Seiten. Brosch. € 19,-
ISBN 978-3-8329-6409-2

Heft 35: Lutz · **Patentschutz im Bereich der Biotechnologie**
Von Raimund Lutz
2013. 27 Seiten. Kart. € 11,-
ISBN 978-3-8487-0966-3

Heft 36: Roth · **Symposium „50 Jahre Schumannsche Formel"**
Von Prof. Dr. Herbert Roth
2014. 116 Seiten. Brosch. € 29,-
ISBN 978-3-8487-0810-9

Heft 37: Kühling · **Die Europäisierung des Datenschutzrechts**
Von Prof. Dr. Jürgen Kühling
2014. 36 Seiten. Kart. € 14,-
ISBN 978-3-8487-1277-9

Heft 38: Huber · **Das Spannungsverhältnis von Volks- und Parlamentsgesetzgebung in Bayern**
Von PräsBayVerfGH u PräsOLG Dr. Karl Huber
2014, 39 Seiten, Kart. €, 18,-
ISBN 978-3-8487-1603-6

 **Nomos**

Nomos Verlagsgesellschaft · Baden-Baden